WI AUSTRALIA
Steve Parish 2004 DIARY

PERSONAL DETAILS

Name

Address

Postcode

Phone   Fax

Mobile

E-mail

www.steveparish.com.au

2004
SCHOOL HOLIDAYS

VICTORIA
20 December 2003 – 28 January
3 April – 18 April
26 June – 11 July
18 September – 3 October
18 December – 26 January 2005

SOUTH AUSTRALIA
13 December 2003 – 26 January
9 April – 26 April
3 July – 18 July
25 September – 10 October
11 December – 30 January 2005

WESTERN AUSTRALIA
20 December 2003 – 1 February
9 April – 26 April
10 July – 25 July
2 October – 17 October
18 December – 30 January 2005

NORTHERN TERRITORY
13 December 2003 – 26 January
3 April – 12 April
19 June – 17 July
25 September – 3 October
11 December – 27 January 2005

QUEENSLAND
13 December 2003 – 26 January
9 April – 18 April
26 June – 11 July
18 September – 3 October
11 December – 23 January 2005

TASMANIA
19 December 2003 – 11 February
9 April – 18 April
29 May – 14 June
4 September – 19 September
17 December – 9 February 2005

AUSTRALIAN CAPITAL TERRITORY
19 December 2003 – 29 January
9 April – 26 April
3 July – 18 July
25 September – 10 October
18 December – 27 January 2005

NEW SOUTH WALES
20 December 2003 – 26 January
9 April – 26 April
3 July – 18 July
25 September – 10 October
22 December – 26 January 2005

EASTER
9 April – 12 April

Please note: *All information was correct on publication but is subject to change.*

WEEK 1 — **JANUARY**

NEW YEAR'S DAY — *Thursday* **1**

Friday **2**

Saturday **3**

Sunday **4**

Sturt's Desert Rose *Gossypium sturtianum*.

WEEK 2

JANUARY

Monday **5**

Tuesday **6**

Wednesday **7**

FULL MOON *Thursday* **8**

Friday **9**

Saturday **10**

Sunday **11**

JANUARY

WEEK 3

12 *Monday*

---

13 *Tuesday*

---

14 *Wednesday*

---

15 *Thursday*   LAST QUARTER

---

16 *Friday*

---

17 *Saturday*

---

18 *Sunday*

WEEK 4

JANUARY

Monday **19**

Tuesday **20**

Wednesday **21**

NEW MOON
CHINESE NEW YEAR – MONKEY

Thursday **22**

Friday **23**

Saturday **24**

Sunday **25**

Sturt's Desert Pea *Swainsona formosa*.

WEEK 5

JANUARY–FEBRUARY

AUSTRALIA DAY

Monday **26**

Tuesday **27**

Wednesday **28**

FIRST QUARTER

Thursday **29**

Friday **30**

Saturday **31**

Sunday **1**

FEBRUARY

WEEK 6

2 *Monday*

3 *Tuesday*

4 *Wednesday*

5 *Thursday*

6 *Friday*   FULL MOON

7 *Saturday*

8 *Sunday*

WEEK 7

FEBRUARY

Monday **9**

Tuesday **10**

Wednesday **11**

Thursday **12**

LAST QUARTER

Friday **13**

ST VALENTINE'S DAY

Saturday **14**

Sunday **15**

Sand Mallee *Eucalyptus eremophila*.

FEBRUARY

WEEK 8

16 *Monday*

---

17 *Tuesday*

---

18 *Wednesday*

---

19 *Thursday*

---

20 *Friday*   NEW MOON

---

21 *Saturday*

---

22 *Sunday*

WEEK 9 # FEBRUARY

Monday **23**

Tuesday **24**

Wednesday **25**

Thursday **26**

Friday **27**

FIRST QUARTER

Saturday **28**

Sunday **29**

Fuchsia Heath *Epacris longiflora*.

MARCH

WEEK 10

1 *Monday* — LABOR DAY (WA)

2 *Tuesday*

3 *Wednesday*

4 *Thursday*

5 *Friday*

6 *Saturday*

7 *Sunday* — FULL MOON

WEEK 11

MARCH

EIGHT HOURS DAY (T); LABOUR DAY (V)

Monday **8**

Tuesday **9**

Wednesday **10**

Thursday **11**

Friday **12**

Saturday **13**

LAST QUARTER

Sunday **14**

Red Bottlebrush flower *Callistemon comboynensis*.

WEEK 12

MARCH

CANBERRA DAY (ACT)

Monday **15**

Tuesday **16**

Wednesday **17**

Thursday **18**

Friday **19**

Saturday **20**

NEW MOON
HARMONY DAY

Sunday **21**

MARCH

WEEK 13

22 *Monday*

23 *Tuesday*

24 *Wednesday*

25 *Thursday*

26 *Friday*

27 *Saturday*

28 *Sunday*   DAYLIGHT SAVING ENDS (ACT, NSW, SA, T, V)

WEEK 14

MARCH–APRIL

FIRST QUARTER

Monday **29**

Tuesday **30**

Wednesday **31**

Thursday **1**

Friday **2**

Saturday **3**

Sunday **4**

Golden Everlasting *Bracteantha bracteata*.

APRIL

WEEK 15

5 *Monday* — FULL MOON

6 *Tuesday*

7 *Wednesday*

8 *Thursday*

9 *Friday* — GOOD FRIDAY

10 *Saturday*

11 *Sunday* — EASTER DAY

WEEK 16

APRIL

LAST QUARTER
PUBLIC HOLIDAY

Monday **12**

PUBLIC HOLIDAY (T)

Tuesday **13**

Wednesday **14**

Thursday **15**

Friday **16**

Saturday **17**

Sunday **18**

Orange Banksia *Banksia prionotes*.

WEEK 17	**APRIL**

NEW MOON

Monday **19**

Tuesday **20**

Wednesday **21**

Thursday **22**

Friday **23**

Saturday **24**

ANZAC DAY

Sunday **25**

APRIL–MAY

WEEK 18

26 *Monday* — PUBLIC HOLIDAY (except T, V)

27 *Tuesday*

28 *Wednesday* — FIRST QUARTER

29 *Thursday*

30 *Friday*

1 *Saturday*

2 *Sunday*

WEEK 19   **MAY**

MAY DAY (NT); LABOUR DAY (Q)   *Monday* **3**

                                                           Tuesday **4**

FULL MOON   *Wednesday* **5**

                                                       Thursday **6**

                                                               Friday **7**

                                                       Saturday **8**

MOTHERS' DAY   *Sunday* **9**

Round-leaf Tea-tree *Leptospermum rotundifolium*.

MAY

WEEK 20

10 *Monday*

11 *Tuesday* — LAST QUARTER

12 *Wednesday*

13 *Thursday*

14 *Friday*

15 *Saturday*

16 *Sunday*

WEEK 21

MAY

ADELAIDE CUP DAY (SA)

Monday **17**

Tuesday **18**

NEW MOON

Wednesday **19**

Thursday **20**

Friday **21**

Saturday **22**

Sunday **23**

Sturt's Desert Pea *Swainsona formosa* and Parakeelya *Calandrinia balonesis*

MAY

WEEK 22

24 *Monday*

---

25 *Tuesday*

---

26 *Wednesday*

---

27 *Thursday*   **FIRST QUARTER**

---

28 *Friday*

---

29 *Saturday*

---

30 *Sunday*

WEEK 23

MAY–JUNE

Monday **31**

Tuesday **1**

Wednesday **2**

FULL MOON

Thursday **3**

Friday **4**

Saturday **5**

Sunday **6**

Flannel Flower *Actinotus helianthi*.

WEEK 24

JUNE

FOUNDATION DAY (WA)

Monday **7**

Tuesday **8**

Wednesday **9**

LAST QUARTER

Thursday **10**

Friday **11**

Saturday **12**

Sunday **13**

JUNE

WEEK 25

14 *Monday* — QUEEN'S BIRTHDAY HOLIDAY (except WA)

---

15 *Tuesday*

---

16 *Wednesday*

---

17 *Thursday*

---

18 *Friday* — NEW MOON

---

19 *Saturday*

---

20 *Sunday*

WEEK 26 | **JUNE**

Monday **21**

Tuesday **22**

Wednesday **23**

Thursday **24**

Friday **25**

FIRST QUARTER

Saturday **26**

Sunday **27**

Cowslip Orchid *Caladenia flava*.

WEEK 27 | **JUNE–JULY**

Monday **28**

Tuesday **29**

Wednesday **30**

Thursday **1**

FULL MOON | *Friday* **2**

Saturday **3**

Sunday **4**

JULY

WEEK 28

5 *Monday*

6 *Tuesday*

7 *Wednesday*

8 *Thursday*

9 *Friday*   **LAST QUARTER**

10 *Saturday*

11 *Sunday*

WEEK 29

JULY

Monday **12**

Tuesday **13**

Wednesday **14**

Thursday **15**

Friday **16**

NEW MOON

Saturday **17**

Sunday **18**

Kunzea obovata *family* Myrtaceae.

JULY

WEEK 30

19 *Monday*

20 *Tuesday*

21 *Wednesday*

22 *Thursday*

23 *Friday*

24 *Saturday*

25 *Sunday* — FIRST QUARTER

WEEK 31

JULY–AUGUST

Monday **26**

Tuesday **27**

Wednesday **28**

Thursday **29**

Friday **30**

Saturday **31**

FULL MOON

Sunday **1**

Mountain Grevillea *Grevillea alpina*.

WEEK 32

AUGUST

BANK HOLIDAY (NSW); PICNIC DAY (NT) — Monday **2**

Tuesday **3**

Wednesday **4**

Thursday **5**

Friday **6**

Saturday **7**

LAST QUARTER — Sunday **8**

AUGUST

WEEK 33

9 *Monday*

---

10 *Tuesday*

---

11 *Wednesday* PEOPLE'S DAY, ROYAL NATIONAL SHOW (BRISBANE)

---

12 *Thursday*

---

13 *Friday*

---

14 *Saturday*

---

15 *Sunday*

WEEK 34

AUGUST

NEW MOON

Monday **16**

Tuesday **17**

Wednesday **18**

Thursday **19**

Friday **20**

Saturday **21**

Sunday **22**

Buffalo Wattle *Acacia kettlewelliae.*

WEEK 35

AUGUST

FIRST QUARTER

Monday **23**

Tuesday **24**

Wednesday **25**

Thursday **26**

Friday **27**

Saturday **28**

Sunday **29**

AUGUST–SEPTEMBER

WEEK 36

30 *Monday*   FULL MOON

31 *Tuesday*

1 *Wednesday*

2 *Thursday*

3 *Friday*

4 *Saturday*

5 *Sunday*   FATHERS' DAY

WEEK 37

SEPTEMBER

Monday **6**

LAST QUARTER

Tuesday **7**

Wednesday **8**

Thursday **9**

Friday **10**

Saturday **11**

Sunday **12**

Red Bottlebrush *Callistemon citrinus*.

WEEK 38 # **SEPTEMBER**

Monday **13**

Tuesday **14**

NEW MOON *Wednesday* **15**

Thursday **16**

Friday **17**

Saturday **18**

Sunday **19**

SEPTEMBER

WEEK 39

20 *Monday*

---

21 *Tuesday*

---

22 *Wednesday*   FIRST QUARTER

---

23 *Thursday*

---

24 *Friday*

---

25 *Saturday*

---

26 *Sunday*

WEEK 40 **SEPTEMBER–OCTOBER**

Monday **27**

FULL MOON

Tuesday **28**

Wednesday **29**

Thursday **30**

Friday **1**

Saturday **2**

DAYLIGHT SAVING STARTS (T)

Sunday **3**

Desert plants blooming and shooting out new growth after rain.

OCTOBER

WEEK 41

4 *Monday*   LABOUR DAY (ACT, NSW, SA)
QUEEN'S BIRTHDAY HOLIDAY (WA)

---

5 *Tuesday*

---

6 *Wednesday*   LAST QUARTER

---

7 *Thursday*

---

8 *Friday*

---

9 *Saturday*

---

10 *Sunday*

WEEK 42

OCTOBER

Monday **11**

Tuesday **12**

Wednesday **13**

NEW MOON *Thursday* **14**

Friday **15**

Saturday **16**

Sunday **17**

Red-flowered Mallee *Eucalyptus erythronema*.

WEEK 43 | **OCTOBER**

Monday **18**

Tuesday **19**

Wednesday **20**

FIRST QUARTER | *Thursday* **21**

Friday **22**

Saturday **23**

Sunday **24**

OCTOBER

WEEK 44

25 *Monday*

---

26 *Tuesday*

---

27 *Wednesday*

---

28 *Thursday*   FULL MOON

---

29 *Friday*

---

30 *Saturday*

---

31 *Sunday*   DAYLIGHT SAVING STARTS (ACT, NSW, SA, V)

WEEK 45

NOVEMBER

Monday **1**

MELBOURNE CUP (MELBOURNE HOLIDAY)   *Tuesday* **2**

Wednesday **3**

Thursday **4**

LAST QUARTER   *Friday* **5**

Saturday **6**

Sunday **7**

Many-flowered Fringe Lily *Thysanotus multiflorus*.

NOVEMBER

WEEK 46

8 *Monday*

9 *Tuesday*

10 *Wednesday*

11 *Thursday* — REMEMBRANCE DAY

12 *Friday*

13 *Saturday* — NEW MOON

14 *Sunday*

WEEK 47

NOVEMBER

Monday **15**

Tuesday **16**

Wednesday **17**

Thursday **18**

FIRST QUARTER

Friday **19**

Saturday **20**

Sunday **21**

Caustic Bush *Grevillea pyramidalis*.

NOVEMBER

WEEK 48

22 *Monday*

23 *Tuesday*

24 *Wednesday*

25 *Thursday*

26 *Friday*

27 *Saturday* — **FULL MOON**

28 *Sunday*

WEEK 49 **NOVEMBER–DECEMBER**

Monday **29**

Tuesday **30**

Wednesday **1**

Thursday **2**

Friday **3**

Saturday **4**

LAST QUARTER

Sunday **5**

Purple Star Bush *Calytrix strigosa*.

WEEK 50 | **DECEMBER**

Monday **6**

Tuesday **7**

Wednesday **8**

Thursday **9**

Friday **10**

Saturday **11**

NEW MOON | *Sunday* **12**

DECEMBER

WEEK 51

13 *Monday*

14 *Tuesday*

15 *Wednesday*

16 *Thursday*

17 *Friday*

18 *Saturday*

19 *Sunday*

FIRST QUARTER

WEEK 52 # DECEMBER

Monday **20**

Tuesday **21**

Wednesday **22**

Thursday **23**

Friday **24**

CHRISTMAS DAY

Saturday **25**

BOXING DAY; PROCLAMATION DAY (SA)

Sunday **26**

DECEMBER

WEEK 53

27 Monday

FULL MOON
PUBLIC HOLIDAY

28 Tuesday

PUBLIC HOLIDAY (ACT, NT, SA, T, WA)

29 Wednesday

30 Thursday

31 Friday

ADDRESSES

Name
Address
Postcode
Phone   Fax
Mobile
E-mail

Name
Address
Postcode
Phone   Fax
Mobile
E-mail

Name
Address
Postcode
Phone   Fax
Mobile
E-mail

Name
Address
Postcode
Phone   Fax
Mobile
E-mail

Name
Address
Postcode
Phone   Fax
Mobile
E-mail

ADDRESSES

Name
Address
Postcode
Phone   Fax
Mobile
E-mail

Name
Address
Postcode
Phone   Fax
Mobile
E-mail

Name
Address
Postcode
Phone   Fax
Mobile
E-mail

Name
Address
Postcode
Phone   Fax
Mobile
E-mail

Name
Address
Postcode
Phone   Fax
Mobile
E-mail

ADDRESSES

Name
Address
Postcode
Phone   Fax
Mobile
E-mail

Name
Address
Postcode
Phone   Fax
Mobile
E-mail

Name
Address
Postcode
Phone   Fax
Mobile
E-mail

Name
Address
Postcode
Phone   Fax
Mobile
E-mail

Name
Address
Postcode
Phone   Fax
Mobile
E-mail

NOTES

2003

JANUARY
M	T	W	T	F	S	S
		1	2	3	4	5
6	7	8	9	10	11	12
13	14	15	16	17	18	19
20	21	22	23	24	25	26
27	28	29	30	31		

FEBRUARY
M	T	W	T	F	S	S
					1	2
3	4	5	6	7	8	9
10	11	12	13	14	15	16
17	18	19	20	21	22	23
24	25	26	27	28		

MARCH
M	T	W	T	F	S	S
31					1	2
3	4	5	6	7	8	9
10	11	12	13	14	15	16
17	18	19	20	21	22	23
24	25	26	27	28	29	30

APRIL
M	T	W	T	F	S	S
	1	2	3	4	5	6
7	8	9	10	11	12	13
14	15	16	17	18	19	20
21	22	23	24	25	26	27
28	29	30				

MAY
M	T	W	T	F	S	S
			1	2	3	4
5	6	7	8	9	10	11
12	13	14	15	16	17	18
19	20	21	22	23	24	25
26	27	28	29	30	31	

JUNE
M	T	W	T	F	S	S
30						1
2	3	4	5	6	7	8
9	10	11	12	13	14	15
16	17	18	19	20	21	22
23	24	25	26	27	28	29

JULY
M	T	W	T	F	S	S
	1	2	3	4	5	6
7	8	9	10	11	12	13
14	15	16	17	18	19	20
21	22	23	24	25	26	27
28	29	30	31			

AUGUST
M	T	W	T	F	S	S
				1	2	3
4	5	6	7	8	9	10
11	12	13	14	15	16	17
18	19	20	21	22	23	24
25	26	27	28	29	30	31

SEPTEMBER
M	T	W	T	F	S	S
1	2	3	4	5	6	7
8	9	10	11	12	13	14
15	16	17	18	19	20	21
22	23	24	25	26	27	28
29	30					

OCTOBER
M	T	W	T	F	S	S
		1	2	3	4	5
6	7	8	9	10	11	12
13	14	15	16	17	18	19
20	21	22	23	24	25	26
27	28	29	30	31		

NOVEMBER
M	T	W	T	F	S	S
					1	2
3	4	5	6	7	8	9
10	11	12	13	14	15	16
17	18	19	20	21	22	23
24	25	26	27	28	29	30

DECEMBER
M	T	W	T	F	S	S
1	2	3	4	5	6	7
8	9	10	11	12	13	14
15	16	17	18	19	20	21
22	23	24	25	26	27	28
29	30	31				

2004

JANUARY
M	T	W	T	F	S	S
			1	2	3	4
5	6	7	8	9	10	11
12	13	14	15	16	17	18
19	20	21	22	23	24	25
26	27	28	29	30	31	

FEBRUARY
M	T	W	T	F	S	S
						1
2	3	4	5	6	7	8
9	10	11	12	13	14	15
16	17	18	19	20	21	22
23	24	25	26	27	28	29

MARCH
M	T	W	T	F	S	S
1	2	3	4	5	6	7
8	9	10	11	12	13	14
15	16	17	18	19	20	21
22	23	24	25	26	27	28
29	30	31				

APRIL
M	T	W	T	F	S	S
			1	2	3	4
5	6	7	8	9	10	11
12	13	14	15	16	17	18
19	20	21	22	23	24	25
26	27	28	29	30		

MAY
M	T	W	T	F	S	S
31					1	2
3	4	5	6	7	8	9
10	11	12	13	14	15	16
17	18	19	20	21	22	23
24	25	26	27	28	29	30

JUNE
M	T	W	T	F	S	S
	1	2	3	4	5	6
7	8	9	10	11	12	13
14	15	16	17	18	19	20
21	22	23	24	25	26	27
28	29	30				

JULY
M	T	W	T	F	S	S
			1	2	3	4
5	6	7	8	9	10	11
12	13	14	15	16	17	18
19	20	21	22	23	24	25
26	27	28	29	30	31	

AUGUST
M	T	W	T	F	S	S
30	31					1
2	3	4	5	6	7	8
9	10	11	12	13	14	15
16	17	18	19	20	21	22
23	24	25	26	27	28	29

SEPTEMBER
M	T	W	T	F	S	S
		1	2	3	4	5
6	7	8	9	10	11	12
13	14	15	16	17	18	19
20	21	22	23	24	25	26
27	28	29	30			

OCTOBER
M	T	W	T	F	S	S
				1	2	3
4	5	6	7	8	9	10
11	12	13	14	15	16	17
18	19	20	21	22	23	24
25	26	27	28	29	30	31

NOVEMBER
M	T	W	T	F	S	S
1	2	3	4	5	6	7
8	9	10	11	12	13	14
15	16	17	18	19	20	21
22	23	24	25	26	27	28
29	30					

DECEMBER
M	T	W	T	F	S	S
		1	2	3	4	5
6	7	8	9	10	11	12
13	14	15	16	17	18	19
20	21	22	23	24	25	26
27	28	29	30	31		

2005

JANUARY
M	T	W	T	F	S	S
31					1	2
3	4	5	6	7	8	9
10	11	12	13	14	15	16
17	18	19	20	21	22	23
24	25	26	27	28	29	30

FEBRUARY
M	T	W	T	F	S	S
	1	2	3	4	5	6
7	8	9	10	11	12	13
14	15	16	17	18	19	20
21	22	23	24	25	26	27
28						

MARCH
M	T	W	T	F	S	S
	1	2	3	4	5	6
7	8	9	10	11	12	13
14	15	16	17	18	19	20
21	22	23	24	25	26	27
28	29	30	31			

APRIL
M	T	W	T	F	S	S
				1	2	3
4	5	6	7	8	9	10
11	12	13	14	15	16	17
18	19	20	21	22	23	24
25	26	27	28	29	30	

MAY
M	T	W	T	F	S	S
30	31					1
2	3	4	5	6	7	8
9	10	11	12	13	14	15
16	17	18	19	20	21	22
23	24	25	26	27	28	29

JUNE
M	T	W	T	F	S	S
		1	2	3	4	5
6	7	8	9	10	11	12
13	14	15	16	17	18	19
20	21	22	23	24	25	26
27	28	29	30			

JULY
M	T	W	T	F	S	S
				1	2	3
4	5	6	7	8	9	10
11	12	13	14	15	16	17
18	19	20	21	22	23	24
25	26	27	28	29	30	31

AUGUST
M	T	W	T	F	S	S
1	2	3	4	5	6	7
8	9	10	11	12	13	14
15	16	17	18	19	20	21
22	23	24	25	26	27	28
29	30	31				

SEPTEMBER
M	T	W	T	F	S	S
			1	2	3	4
5	6	7	8	9	10	11
12	13	14	15	16	17	18
19	20	21	22	23	24	25
26	27	28	29	30		

OCTOBER
M	T	W	T	F	S	S
31					1	2
3	4	5	6	7	8	9
10	11	12	13	14	15	16
17	18	19	20	21	22	23
24	25	26	27	28	29	30

NOVEMBER
M	T	W	T	F	S	S
	1	2	3	4	5	6
7	8	9	10	11	12	13
14	15	16	17	18	19	20
21	22	23	24	25	26	27
28	29	30				

DECEMBER
M	T	W	T	F	S	S
			1	2	3	4
5	6	7	8	9	10	11
12	13	14	15	16	17	18
19	20	21	22	23	24	25
26	27	28	29	30	31	

Steve Parish has recorded Australia, its landscapes, its wildlife and its people with his cameras for many years. He has travelled the continent in a never-ending journey of discovery and rediscovery, portraying the marvels of this continent, its people and its cities, its unique and beautiful landscapes, plants and animals. Steve's passion for Australia in its every aspect, and his awareness that urgent human action is needed to preserve Australia's wild places and wild creatures, lend intensity to his superb work. He founded Steve Parish Publishing Pty Ltd to share his vision of Australia with the world.

The dates for events and holidays in this diary were as accurate as possible at the time of publication. Please check with the relevant authority to verify.

Front and back covers: *Many-flowered Fringe Lily*

Steve Parish
PUBLISHING

© copyright Steve Parish Publishing Pty Ltd
PO Box 1058, Archerfield, Queensland 4108 Australia
Printed in China by Sino Publishing House Ltd
Film produced in Australia by Colour Chiefs Digital Imaging
Produced at the Steve Parish Publishing Studios, Australia

www.steveparish.com.au